# StudentInnenküche

AUTORIN: TANJA DUSY | FOTOS: JÖRN RYNIO

# Praxistipps



# Extra

# Rezepte

# Die erste eigene Küche

*Sich schnell selber was kochen ist eine feine Sache. Weniger schön: stundenlanges Forschen nach Zutaten im Supermarkt. Aber es geht auch einfacher.*

Mittags einen gesunden kleinen Imbiss und abends gemütlich kochen und essen mit Freunden – das klingt doch gut. Und ist gar nicht mal so schwer. Damit dabei genug Zeit zum Studieren oder auch Feiern bleibt, ist es hilfreich, einen kleinen Vorrat an Lebensmitteln zu Hause zu haben.

## Der schlau gefüllte Kühlschrank

So gut wie alles an frischen und verderblichen Vorräten gehört in den Kühlschrank. Das gilt für die Milch für den Morgenkaffee bis zum angebrochenen Gurkenglas. Und alles hat seinen festen Platz, weil es im Kühlschrank unterschiedliche Kältezonen gibt, die für die verschiedenen Lebensmittel ideal sind. Ganz unten im Gemüsefach liegen, wie der Name schon sagt, Gemüse, Blattsalat und eventuell auch frische Kräuter richtig. Das Gemüse einfach lose reinlegen oder empfindliche Sorten wie Spinat und Blattsalat zusätzlich in luftdurchlässige Folie oder eine locker geknotete Plastiktüte packen. Tomaten, Kartoffeln, Zwiebeln, Knoblauch und Obst gehören grundsätzlich nicht in den Kühlschrank.

Direkt über dem Gemüsefach ist es am kältesten. Hier kommt daher schnell Verderbliches wie Frischwurst, Fleisch und Fisch unter. Fleisch und Fisch nach dem Kaufen direkt aus der Tüte nehmen und in eine Schale oder einen tiefen Teller legen und mit einem zweiten Teller nicht ganz luftdicht abdecken. Für Wurst am besten Geld in eine spezielle Frischhaltebox aus Kunststoff investieren.

In der Mitte oder auch in den oberen Fächern des Kühlschranks finden alle Milchprodukte ihren Platz. Schnittkäse dabei wie Wurst in eine extra luftdichte Frischhaltebox verpacken. Butter, Eier und angebrochene Milchflaschen oder -packungen stehen perfekt in der Tür. Angebrochenes wie Senf, Tomatenmark, Meerrettich, Würzsaucen oder das Gurkenglas lässt sich idealerweise auch im oberen Bereich oder in der Tür unterbringen.

Was dann letztlich im Kühlschrank steht, ob er prall gefüllt oder übersichtlich leer wirkt, ist Geschmackssache. Praktisch als ständiger Vorrat sind Eier, Butter und Milch. Ein Becher Sahne für Saucen und Suppen ist prima, auch saure Sahne, Crème fraîche, Mascarpone oder Frischkäse – denn diese Milchprodukte lassen sich hervorragend untereinander austauschen. Für alle, die ein großes Gefrierfach haben, lohnt es sich, tiefgekühltes Gemüse und TK-Beeren oder -Fisch zu bunkern. Praktischerweise sind viele TK-Produkte inzwischen so verpackt, dass man den Inhalt portionsweise entnehmen kann. Das gilt auch für die hilfreichen TK-Kräuter, die sich sogar unaufgetaut verarbeiten lassen.

## Der praktische Vorratsschrank

Hier gehören alle Basislebensmittel rein, die man nicht unbedingt frisch kaufen muss: Also am besten eine Grundausstattung an Nudeln (z. B. lange Spaghetti und ein paar kurze Nudeln wie Penne), eine Packung Reis und nach Belieben superschnelles Instant-Couscous oder Instant-Bulgur, die beide

mit heißem Wasser in nullkommanichts gar quellen. Mehl und eventuell Speisestärke sollten ebenfalls nicht fehlen.

All diese Lebensmittel sollten kühl und dunkel lagern und, wenn einmal angebrochen, möglichst in verschließbare Gläser oder Boxen umgefüllt werden, damit sie nicht Mehlmotten oder anderes Ungeziefer anziehen. Dasselbe gilt für Nüsse und Saaten wie Sonnenblumenkerne oder Sesamsamen, die viele Gerichte oder Salate aufpeppen helfen. Ein paar Konserven wie Dosentomaten, Bohnen, Mais oder Thunfisch sind auch nie verkehrt. Hier muss man lediglich das meist lange Haltbarkeitsdatum im Auge behalten.

Zucker und Salz gehören zur Standardausstattung. Beides am besten in verschließbaren Gläsern und nicht in unmittelbarer Nähe zu Herd und Spüle lagern – durch Wasser(-dampf) verklumpen sie. Gewürze möglichst in verschließbaren Dosen oder dunklen, lichtgeschützten Gläsern aufbewahren. So behalten sie ihr Aroma und geben es vor allem nicht unerwünschterweise an andere Lebensmittel ab. Was man und wie oft an Gewürzen oder Würzmitteln wie Senf, Ketchup, Currypaste braucht, ist sicher individuell verschieden – hier sollte jeder seinen persönlichen Vorrat anlegen (Tipps dazu auch auf Seite 64). Super praktisch ist auf jeden Fall ein Glas mit gekörnter Brühe (egal, ob Gemüse- oder Fleischbrühe – Brühwürfel sind natürlich auch in Ordnung, sie lassen sich aber weniger gut portionieren). Gekörnte Brühe eignet sich nicht nur für Suppen, sondern auch als Würze für viele Saucen und Gemüsegerichte.

Essig und Öl gehören ebenfalls in jeden Studihaushalt. Bei Öl ein gutes wählen, das heißt auf jeden Fall kaltgepresstes Olivenöl für den Salat und zusätzlich ein hocherhitzbares Öl, zum Beispiel Sonnenblumen- oder Rapsöl, zum Kochen und Braten. Bei Essig bleibt die Wahl zwischen Weiß- oder Rotweinessig oder edlem Aceto balsamico – hier entscheidet auch wieder der persönliche Geschmack.

Mit diesem Vorrat kommt man schon ganz schön weit; lediglich frisches Gemüse und Obst, Fleisch und Fisch sollten dann je nach Rezept kurzfristig (siehe auch Die 10 GU-Erfolgstipps) vorher gekauft werden. So klappt's garantiert in der eigenen Küche!

# Was es zum Kochen braucht

*Ein Profigerätepark ist überflüssig. Aber ein paar Küchenhelfer sollten schon da sein. Und wer hier auf Qualität setzt, hat mehr und länger etwas davon.*

**Messer und Brett** sind wortwörtlich die Grundlage zum Schneiden von Zutaten. Ein großes Hygiene-Kunststoffbrett, das gut auf der Unterlage haftet (z. B. mit Noppen an der Unterseite) und drei Messer reichen fürs Erste: Ein Brotmesser mit Zackenschliff, ein großes, stabiles Messer für Fleisch – hier kommen viele prima mit einem Japanmesser zurecht, das auch Gemüse ratzfatz schneidet. Als letztes ein kleines Küchenmesser für kniffelige Arbeiten, wie Schälen oder Ausputzen von Gemüse.

**Pürierstab und Mixer** Beide gibt es heute schon preiswert und als praktisches Kombigerät. Spätestens beim Backen braucht man den Mixer mit Knethaken und Schneebesen – die leisten auch gute Dienste beim Sahne- oder Eierschlagen. Der Pürierstab sorgt blitzschnell für feine, cremige Saucen und Suppen und ist klasse für alle, die bereits zum Frühstück gerne einen Smoothie oder Fruchtdrink schlürfen.

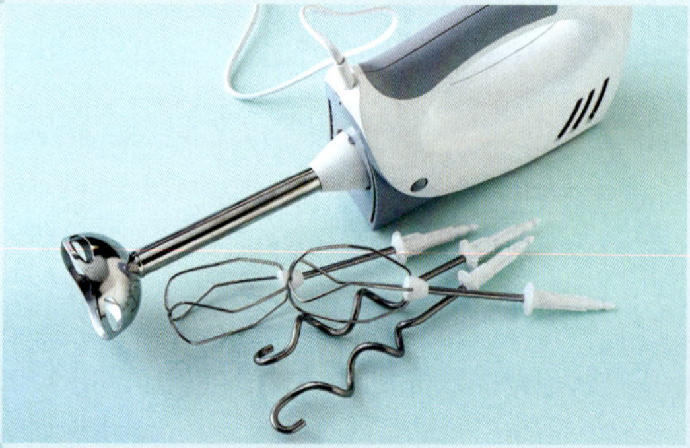

**Küchenwaage** Sie ist immer dann gefragt, wenn Löffel- und Augenmaß nicht mehr ausreichen. Praktisch sind die modernen Digitalwaagen, auf deren Wiegefläche man die Zutaten direkt oder in eine Schüssel legen und dann weitere Zutaten zuwiegen kann. Sie brauchen wesentlich weniger Platz im Schrank als eine Waage mit aufgesetzter Wiegeschüssel oder -schale.

**Töpfe und Sieb** Hier sollten gleich zwei her: Ein großer Topf zum Kochen von Nudeln und Suppe und ein kleiner für Gemüse. Robuste Edelstahltöpfe sind ideal, da sie die Hitze besonders gut leiten und pflegeleicht sind. Zum Rühren im Topf oder in der Pfanne braucht es noch einen Holzlöffel und einen Schneebesen, damit Saucen und Pudding klümpchenfrei gelingen. Das Edelstahlsieb zum Abgießen von Nudeln oder Abtropfen von Salat so wählen, dass es im Topf gestapelt in den Schrank passt.

**Pfanne** Eine ist gut, zwei sind besser: im Singlehaushalt auf jeden Fall eine kleine für Spiegelei und Schnitzel und eine große mit Deckel für Pfannengerichte und wenn Gäste kommen. Empfehlenswert sind beschichtete Pfannen, die Anbrennen verhindern und Fett sparen helfen. Dazu noch einen Kunststoffpfannenwender, der keine Kratzer hinterlässt! Wer krosse Krusten liebt, sollte sich auch eine Edelstahl- oder Gusseisenpfanne leisten.

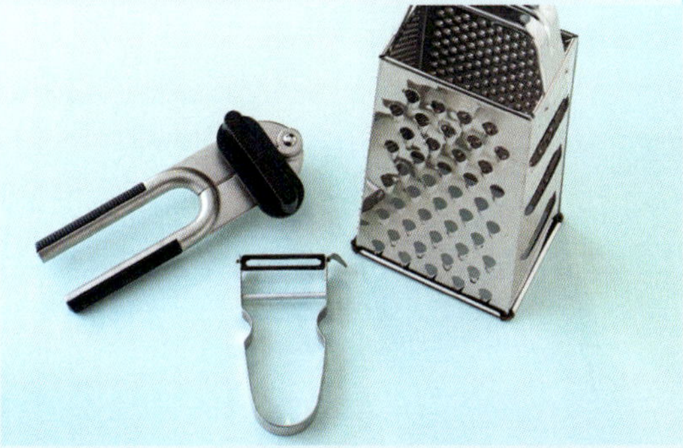

**Kleine Helfer** Unverzichtbar sind eine Rohkostreibe zum Reiben und Raspeln von Gemüse oder auch mal Käse. Es gibt Reiben mit austauschbaren Klingen oder die Vierkantreibe mit allen Möglichkeiten in einem. Ein Sparschäler für Gemüse und Kartoffeln – hier ist es persönliche Vorliebe, ob man mit einem mit u-förmigem Griff oder länglichem Stiel zurechtkommt. Auch der Dosenöffner für Dosenmais, -tomaten und Co. darf nicht fehlen.

# Fixe Snacks

Mehr Hunger als Zeit zum Kochen? Kein Problem mit diesen schnellen Imbissrezepten. Alles ist im Nu gekocht, macht satt, ist viel gesünder als Fastfood und zudem beste Nerven- und Hirnnahrung, die schmeckt. So besteht der Stramme-Studi-Max den Koch-Härtetest selbst im schlimmsten Prüfungsstress mit summa cum laude!

# Strammer Studi-Max

¼ Bund Schnittlauch
1 TL Senf
2 EL Frischkäse
Salz | Pfeffer
1 dicke Scheibe Bauernbrot
1 TL Butterschmalz (oder Butter)
1 Scheibe Leberkäse (ca. 100 g)
1 Ei
edelsüßes Paprikapulver

**Für 1 Person | 20 Min. Zubereitung**
**Pro Portion ca. 650 kcal, 27 g EW, 49 g F, 25 g KH**

**1** Den Schnittlauch waschen, trocken schütteln und in feine Röllchen schneiden. Die Hälfte davon mit dem Senf unter den Frischkäse mischen. Den Frischkäse mit Salz und Pfeffer abschmecken und auf die Brotscheibe streichen.

**2** Das Butterschmalz in eine beschichtete Pfanne geben und heiß werden lassen. Den Leberkäse in eine Pfannenhälfte legen. Das Ei aufschlagen und in die andere Seite der Pfanne gleiten lassen, mit Salz, Pfeffer und Paprikapulver bestreuen. Beides bei mittlerer Hitze 5–6 Min. braten, bis der Leberkäse leicht gebräunt und das Eiweiß an den Rändern knusprig ist. Zwischendurch den Leberkäse einmal wenden. Den Leberkäse auf das Brot legen, darauf das Ei setzen und alles mit dem übrigen Schnittlauch bestreuen.

**VITAMIN-TIPP**

**Statt Schnittlauch kann man auch mal Kresse oder Radieschensprossen unter den Frischkäse rühren.**

knackig | voller Vitamine

## Möhren-Apfel-Sandwich

1 kleine Möhre | 1 kleiner Apfel
1 TL frisch gepresster Zitronensaft
1 Frühlingszwiebel
3 EL Frischkäse
1 EL Mayonnaise
⅓ TL Currypulver
Salz | Pfeffer
4 Scheiben Toastbrot
2 Scheiben Putenbrustaufschnitt
(oder gekochter Schinken)

Für 1 Person | 20 Min. Zubereitung
Pro Portion ca. 470 kcal, 21 g EW, 21 g F, 53 g KH

1 Die Möhre putzen, schälen und auf der Rohkostreibe fein reiben. Den Apfel waschen, vierteln, das Kerngehäuse entfernen und die Viertel auf der Reibe grob raspeln. Sofort mit dem Zitronensaft mischen. Die Frühlingszwiebel putzen, waschen und mit dem Grün in feine Ringe schneiden.

2 Den Frischkäse mit Mayonnaise und Currypulver verrühren. Möhre, Apfel und Frühlingszwiebel unterheben und mit Salz und Pfeffer würzen.

3 Die Toastscheiben im Toaster rösten (man kann sie auch ungeröstet nehmen). 2 Toastscheiben mit der Currycreme bestreichen und je 1 Scheibe Putenbrustaufschnitt darauflegen. Die übrigen Toastscheiben daraufsetzen, leicht andrücken und die Toasts nach Belieben diagonal halbieren.

### SUPER-SANDWICH-TIPP

Wer will, nimmt nur 2 EL Frischkäse und legt zusätzlich zum Putenbrustaufschnitt noch 1 Scheibe Emmentaler Käse auf die Sandwichs.

edel, aber einfach

## Lachs-Kresse-Brötchen

1 Baguettebrötchen (oder Bagel)
2 EL Frischkäse
1 EL saure Sahne
½ TL Meerrettich (aus dem Glas)
1 Spritzer frisch gepresster Zitronensaft
Salz | Pfeffer
1 Kästchen Kresse
1 Stück Salatgurke (ca. 50 g)
2 Scheiben Räucherlachs

Für 1 Person | 15 Min. Zubereitung
Pro Portion ca. 560 kcal, 37 g EW, 24 g F, 47 g KH

1 Das Brötchen längs halbieren. Den Frischkäse mit saurer Sahne, Meerrettich und Zitronensaft verrühren und mit Salz und Pfeffer würzen. Die Kresse mit einer Schere abschneiden und ca. ein Drittel davon unter die Meerrettichcreme heben.

2 Die untere Hälfte des Brötchens mit der Creme bestreichen. Die Gurke schälen und in dünne Scheiben schneiden. Den Lachs auf die Creme legen, Gurkenscheiben darüberschichten, leicht pfeffern und die übrige Kresse darüberstreuen. Die obere Brötchenhälfte darauflegen und leicht andrücken.

### VARIANTE – ITALIENISCHES LACHSBRÖTCHEN

Dafür 2 EL Mascarpone (italienischer Frischkäse) mit ¼ TL Tomatenmark verrühren. 1 klein gewürfelte Tomate, 1 Msp. abgeriebene Bio-Zitronenschale und 6 gehackte Basilikumblättchen unterrühren. Die untere Brötchenhälfte damit bestreichen, mit Lachs belegen und mit ein paar grob zerschnittenen Blättern Rucola bestreuen. 100 Prozent italienisch: statt Baguette- ein Ciabattabrötchen nehmen.

links: Möhren-Apfel-Sandwich | rechts: Lachs-Kresse-Brötchen

leichter Sattmacher

# Bunter Salat mit Putenstreifen

*Ein super Dressing für alle: Die Salatsauce passt zu jedem Blatt- oder gemischten Salat – auch ohne Putenbrust.*

**Für das Dressing:** ¼ TL Senf | 1 EL Aceto balsamico | 3 EL Olivenöl | Salz | Pfeffer | 1 EL TK-Salatkräuter
**Für den Salat:** ca. 80 g Blattsalat (z. B. Lollo rosso oder Kopfsalat) | 3 Kirschtomaten | 1 Stück Salatgurke (ca. 50 g) | 3 EL Maiskörner (aus der Dose) | 1 kleines Putenschnitzel (ca. 100 g) | 1 Knoblauchzehe | 1 EL Olivenöl | Salz | Pfeffer | 3 EL frisch gepresster Orangensaft | 1 EL Aceto balsamico | 1 Msp. Sambal oelek

Für 1 Person | 25 Min. Zubereitung
Pro Portion ca. 605 kcal, 29 g EW, 42 g F, 27 g KH

1 Den Senf in einem Schälchen mit dem Essig verrühren und das Öl mit dem Schneebesen kräftig unterschlagen. Salzen und pfeffern und die unaufgetauten Kräuter unterrühren.

2 Den Salat putzen, in kaltem Wasser waschen, trocknen und in mundgerechte Stücke zupfen. Tomaten waschen und vierteln, Gurke schälen längs halbieren und in Scheibchen schneiden. Alles mit Mais und dem Dressing mischen und auf einem Teller oder in einer Schüssel anrichten.

3 Das Putenschnitzel quer in dünne Streifen schneiden. Knoblauch schälen und fein hacken. Das Öl in einer kleinen beschichteten Pfanne heiß werden lassen. Putenstreifen und Knoblauch hineingeben, in 2–3 Min. goldbraun anbraten, dabei mit einem Holzlöffel umrühren. Salzen und pfeffern. Orangensaft, Essig und Sambal oelek dazugeben, umrühren und kurz erhitzen. Die Mischung heiß auf den Salat geben. Mit frischem Baguette essen.

viva Italia!

## Tomaten-Rucola-Salat

1 EL Pinienkerne | 2 kleine Tomaten | 4 Mini-Mozzarella | 1 Frühlingszwiebel | 1 kleiner Bund Rucola | 2 Stängel Basilikum | 1 EL Weißweinessig | 2 EL Olivenöl | Salz | Pfeffer | 1 Prise Zucker

Für 1 Person | 20 Min. Zubereitung
Pro Portion ca. 390 kcal, 15 g EW, 34 g F, 7 g KH

1 Pinienkerne in einer heißen Pfanne ohne Fett goldbraun rösten, herausnehmen. Tomaten waschen, vierteln, von den Stielansätzen befreien und quer halbieren. Mozzarella mit einem Küchentuch trocken tupfen und nach Belieben vierteln. Die Frühlingszwiebel putzen, waschen und mit dem Grün in feine Ringe schneiden. Rucola und Basilikum waschen und trocken schütteln. Rucola in kurze Stücke schneiden, Basilikum hacken.

2 Den Essig mit dem Öl verrühren, mit Salz, Pfeffer und Zucker würzen. Alle Zutaten mit dem Dressing mischen, kurz ziehen lassen und eventuell noch mal abschmecken.

super einfach

## Paprika-Mais-Salat

5 EL Maiskörner (aus der Dose) | 1 rote Paprikaschote | 5 Radieschen | 1 Wiener Würstchen | je 1/4 Bund Schnittlauch und Petersilie | 2 EL Joghurt | 1 TL Mayonnaise | 1 TL Ketchup | Salz | Pfeffer | 1 Msp. Chilipulver

Für 1 Person | 20 Min. Zubereitung
Pro Portion ca. 470 kcal, 15 g EW, 27 g F, 41 g KH

1 Mais abtropfen lassen. Paprikaschote vierteln, putzen, waschen und in kleine Würfel schneiden. Die Radieschen putzen, waschen und vierteln. Das Würstchen in Scheiben schneiden. Alles mit dem Mais in einer kleinen Schüssel mischen.

2 Die Kräuter waschen und trocken schütteln. Die Petersilie hacken, den Schnittlauch in Röllchen schneiden. Joghurt, Mayonnaise und Ketchup verrühren. Mit Salz, Pfeffer und Chilipulver würzen, die Kräuter unterrühren. Die Sauce mit dem Salat mischen, eventuell kurz ziehen lassen.

auf die Hand

## Auberginenpita

1 kleine Aubergine (ca. 180 g)
1 Knoblauchzehe
2 EL Olivenöl
Salz | Pfeffer
40 g Schafkäse (Feta)
75 g Joghurt
½ TL getrockneter Oregano
edelsüßes Paprikapulver
1 Pita-Brottasche

Für 1 Person | 30 Min. Zubereitung
Pro Portion ca. 465 kcal, 16 g EW, 30 g F, 33 g KH

**1** Die Aubergine waschen, putzen und erst längs in ca. 1 cm dicke Scheiben schneiden, die Scheiben längs in ca. 1 cm breite Streifen und diese dann in ca. 1 cm große Würfel schneiden. Den Knoblauch schälen und fein würfeln.

**2** Das Öl in einer beschichteten Pfanne erhitzen. Die Aubergine darin bei mittlerer Hitze unter Rühren 1–2 Min. anbraten. Knoblauch zugeben, salzen und pfeffern. Auberginen offen 15–20 Min. braten, dabei ab und zu umrühren und 1–2 EL Wasser zugeben (so brennen sie nicht an und es braucht trotzdem nicht mehr Öl).

**3** Inzwischen den Schafkäse zerbröckeln und mit einer Gabel zermusen. Mit dem Joghurt vermischen und mit Oregano, Salz, Pfeffer und Paprikapulver würzen. Die Pitatasche aufklappen. Auberginen mit Joghurtcreme mischen und in das Brot füllen.

**VARIANTE – PITA ROT-WEIß**
Für zusätzliche Schärfe 1–2 EL Ajvar (türkische Paprikapaste) über die Füllung träufeln.

fast schon ein Klassiker

## Thunfischwrap

1 Dose Thunfisch im eigenen Saft
(150 g Abtropfgewicht)
1 TL Kapern
75 g Crème fraîche
Salz | Pfeffer
1–2 Spritzer frisch gepresster Zitronensaft
5 Stängel Petersilie
1 Tomate
1 Stück Salatgurke (ca. 50 g)
4 Blätter Eisbergsalat
1 Tortillafladen (Fertigprodukt)

Für 1 Person | 25 Min. Zubereitung
Pro Portion ca. 530 kcal, 33 g EW, 33 g F, 24 g KH

**1** Den Thunfisch in ein Sieb geben und abtropfen lassen. Mit einer Gabel zerpflücken und mit Kapern und Crème fraîche mit dem Pürierstab pürieren. Wer keinen Pürierstab hat, zerzupft den Fisch möglichst fein, hackt die Kapern mit dem Messer und mischt alles mit Crème fraîche. Die Creme mit Salz, Pfeffer und Zitronensaft abschmecken. Petersilie waschen und trocken schütteln, die Blättchen fein hacken und unter die Creme rühren.

**2** Die Tomate waschen und klein würfeln, dabei den Stielansatz wegschneiden. Die Gurke schälen und fein würfeln. Salatblätter waschen, trocken tupfen und in feine Streifen schneiden.

**3** Den Tortillafladen mit der Thunfischcreme bestreichen, Salat darauf verteilen, die Gurken- und Tomatenwürfel darüberstreuen. Leicht salzen und pfeffern, dann den Fladen fest aufrollen.



oben: Auberginenpita | unten: Thunfischwrap

Fastfood mal anders

# Burger Deluxe

*Frikadellen, Buletten oder Fleischpflanzerl? Ganz egal, wenn sich Hackfleisch wie hier in Bestform präsentiert: Gut gewürzt und praktisch zum Reinbeißen verpackt.*

1 Scheibe Toastbrot
1 kleine Tomate
1 Gewürzgurke (aus dem Glas)
2 EL Sprossen (z. B. Alfalfa- oder Radieschensprossen)
1 Zwiebel
200 g gemischtes Hackfleisch
1 Ei (Größe S)
½ TL Senf
1 TL TK-Petersilie
Salz | Pfeffer
1 EL Butterschmalz (oder Sonnenblumenöl)
1 großes Brötchen
Ketchup (nach Belieben)

Für 1 Person | 30 Min. Zubereitung
Pro Portion ca. 900 kcal, 52 g EW, 57 g F, 49 g KH

1 Das Toastbrot in eine kleine Schale legen und in kaltem Wasser einweichen. Inzwischen die Tomate waschen, trocknen und in Scheiben schneiden, dabei den Stielansatz entfernen. Die Gewürzgurke abtropfen lassen und in Scheiben schneiden. Die Sprossen in einem Sieb kalt abbrausen und abtropfen lassen. Die Zwiebel schälen und halbieren. Eine Hälfte in Halbringe schneiden, die andere Hälfte fein würfeln.

2 Das Toastbrot aus der Schale nehmen, mit den Händen ausdrücken und klein zerzupfen. Mit Hackfleisch, Zwiebelwürfeln, Ei, Senf und unaufgetauter Petersilie mit beiden Händen verkneten, mit Salz und Pfeffer würzen und kräftig durchmengen. Die Masse zu einem großen, flachen Burger formen.

3 Das Butterschmalz in einer kleinen Pfanne heiß werden lassen. Den Burger hineinlegen und auf beiden Seiten bei starker Hitze anbraten, dann bei schwacher Hitze auf jeder Seite 5–6 Min. weiterbraten. Die Zwiebelringe nach Belieben mit in die Pfanne geben und braun braten, dabei immer mal wieder umrühren.

4 Inzwischen das Brötchen halbieren. Die Tomatenscheiben auf die untere Hälfte legen, die Sprossen darüberstreuen. Den Burger darauflegen, mit Zwiebelringen und Gurkenscheiben belegen. Die obere Brötchenhälfte auflegen. Wer möchte, gibt vorher noch Ketchup darüber oder stippt den Burger ab und zu beim Essen ein.

### VARIANTE FÜR VIELE

Hackbällchen sind der Renner auf jeder Party. Daher gleich 5 Scheiben Toast einweichen, 3 Zwiebeln klein würfeln und beides wie beschrieben mit 1 kg gemischtem Hackfleisch, 3 Eiern, 3 EL Senf und 1 Bund gehackter Petersilie vermengen. Mit Salz und Pfeffer würzen. Daraus 30 Bällchen formen. Butterschmalz erhitzen, die Bällchen darin portionsweise in ca. 5–6 Min. rundherum braun braten. Wer will, mischt statt Senf einmal 1 TL Sambal oelek unter den Teig und packt noch je 1 kleinen Würfel Schafkäse (Feta) in die Bällchen.

schmeckt auch kalt

# Zucchinifrittata

1 Zucchino (ca. 200 g)
1 kleine Zwiebel
2 Eier
2 EL Sahne (oder Milch)
Salz | Pfeffer
edelsüßes Paprikapulver
1 EL Olivenöl

Für 1 Person | 30 Min. Zubereitung
Pro Portion ca. 345 kcal, 16 g EW, 29 g F, 6 g KH

1 Den Zucchino waschen, putzen und auf einer Gemüsereibe grob raspeln. Die Zwiebel schälen und fein würfeln.

2 Die Eier in eine kleine Schüssel aufschlagen, die Sahne zugeben und alles mit einem Schneebesen verquirlen. Die Eiermischung mit Salz, Pfeffer und Paprikapulver würzen.

3 Das Öl in einer kleinen beschichteten Pfanne heiß werden lassen, die Zwiebel darin hellbraun andünsten. Die Zucchiniraspel dazugeben und unter Rühren bei mittlerer Hitze ca. 5 Min. anbraten. Die Eiermasse darübergießen, mit einem Deckel abdecken und in ca. 4 Min. stocken lassen. Zum Wenden vorsichtig auf einen Teller gleiten lassen, umgedreht in die Pfanne zurückgeben und in 2–3 Min. fertig braten.

**WÜRZ-TIPP**

**Fein schmeckt die Frittata, wenn man ein paar Blättchen gehackten Thymian oder ca. 25 g fein gewürfelte Chorizo (spanische Paprikawurst) mit in die Eiermasse gibt.**

deftig

# Käse-Kräuter-Rührei

50 g Bergkäse (oder Parmesan)
je ½ Bund Schnittlauch und Dill (ersatzweise je 2 EL TK-Dill und Schnittlauch)
2 Frühlingszwiebeln
2 Eier
2 EL Sahne (oder Milch)
Salz | Pfeffer
frisch geriebene Muskatnuss
1 TL Butter

Für 1 Person | 20 Min. Zubereitung
Pro Portion ca. 435 kcal, 34 g EW, 32 g F, 2 g KH

1 Den Käse auf der Gemüsereibe grob reiben oder mit dem Sparschäler in feine Späne hobeln. Die Kräuter waschen und trocken schütteln. Schnittlauch in Röllchen schneiden, die Dillspitzen hacken. Frühlingszwiebeln putzen, waschen und mit dem Grün in Ringe schneiden.

2 Die Eier in ein Schälchen aufschlagen, die Sahne zugeben und alles mit dem Schneebesen verquirlen. Mit Salz, Pfeffer und Muskatnuss würzen. Den Käse und die Kräuter unterrühren. Wer TK-Kräuter nimmt, rührt sie unaufgetaut unter.

3 Die Butter in einer kleinen beschichteten Pfanne heiß werden lassen. Die Frühlingszwiebeln darin bei mittlerer Hitze ca. 1 Min. andünsten. Die Eiermasse darübergießen. Sobald das Ei an den Rändern zu stocken beginnt, mit einem Holzlöffel zur Mitte hin zusammenschieben. Das langsam so lange wiederholen, bis das ganze Ei gestockt ist. Das Rührei heiß mit Brot essen.

oben: Zucchinifrittata | unten: Käse-Kräuter-Rührei

einfach und lecker

# Gebratene Sandwichs mit Käse

*Als »Arme Ritter« kennt man diese knusprigen Brote mit Marmelade gefüllt – aber wer sagt denn, dass es immer süß sein muss.*

1 Ei
4 EL Milch
Salz | Pfeffer
5 EL Mehl
1 TL Kräuter der Provence
3 Scheiben Toastbrot
1 Kugel Mozzarella (125 g)
3 EL Olivenöl

Für 1 Person | 25 Min. Zubereitung
Pro Portion ca. 980 kcal, 42 g EW, 60 g F, 67 g KH

1 Das Ei in einen tiefen Teller aufschlagen, die Milch zugeben und alles mit dem Schneebesen verquirlen. Die Eiermilch salzen und pfeffern und noch mal kräftig durchschlagen. Das Mehl mit den Kräutern der Provence mischen und in einen zweiten tiefen Teller geben.

2 Die Toastscheiben nach Möglichkeit im Toaster nur hellbraun rösten (wer keinen Toaster hat – es geht auch ungeröstet). Den Mozzarella abtupfen und in gleichmäßige Scheiben schneiden. Die Toastscheiben diagonal halbieren und drei Hälften gleichmäßig mit Mozzarella belegen und pfeffern. Die drei übrigen Hälften darauflegen und festdrücken.

3 Das Öl in einer beschichteten Pfanne erhitzen. Die Mozzarellaschnitten erst durch das Ei ziehen – möglichst so, dass sie etwas davon aufsaugen können. Kurz in dem Mehl wenden, überschüssiges Mehl vorsichtig abklopfen.

4 Die Brotschnitten in das heiße Öl legen und bei mittlerer Hitze pro Seite in 2–3 Min. goldbraun braten. Die Brote warm essen.

### VARIANTE MIT KÄSE UND SCHINKEN

Die Brote schmecken auch lecker, wenn man anstelle von Mozzarella 4 kleine (so groß wie eine Toastscheibe) Scheiben Appenzellerkäse und 1 Scheibe gekochten Schinken auf jeden Toast legt. Den Toast erst anschließend halbieren und zusammenklappen.

### SÜSSE VARIANTE

Die gerösteten Toastbrote einfach mit je 1 TL Magerquark und Erdbeermarmelade bestreichen oder nur mit Marmelade oder auch mal mit Nussnougatcreme. Das Ei mit Milch und 1 Päckchen Vanillezucker verquirlen. Zum Wenden Mehl und gemahlene Mandeln oder Haselnüsse in einem Verhältnis 50:50 mischen (oder nur Mehl nehmen).

# Zum Sattwerden

Wer keine Lust mehr auf das Mensa-Einerlei hat, ist hier genau richtig: Lauter unkomplizierte Rezepte für alle, die einmal am Tag gut und warm essen wollen – egal, ob mittags oder abends. Kochanfänger lernen so ganz nebenbei, wie man Kartoffeln gart oder Schnitzel brät und Kochprofis haben Spaß an Raffiniertem wie der Asia-Nudelpfanne.

# Asia-Nudelpfanne

80 g chinesische Eiernudeln (Mie-Nudeln)
Salz
1 kleines Putenschnitzel (ca. 80 g)
1 Möhre
5 kleine Champignons
10 Zuckerschoten
1 Knoblauchzehe
1 EL Sonnenblumenöl
2 EL Sojasauce
5 EL Gemüsebrühe
½–1 EL Sweet Chilisauce (aus dem Asienladen)
Pfeffer

Für 1 Person | 35 Min. Zubereitung
Pro Portion ca. 520 kcal, 33 g EW, 14 g F, 68 g KH

**1** Die Nudeln in Salzwasser nach Packungsanweisung garen, in ein Sieb abgießen und abtropfen lassen. Inzwischen das Putenschnitzel quer in Streifen schneiden. Möhre putzen, schälen und schräg in dünne Scheiben schneiden. Die Champignons mit einem Tuch abreiben und vierteln. Zuckerschoten waschen, putzen und quer halbieren.

**2** Den Knoblauch schälen und klein hacken. Das Öl in einer beschichteten Pfanne oder im Wok erhitzen, das Fleisch darin mit dem Knoblauch in 2 Min. bei starker Hitze braten. Das Gemüse zugeben und unter Rühren 2–3 Min. mitbraten. Sojasauce, Brühe und Chilisauce dazugeben und alles bei mittlerer Hitze 2–3 Min. weitergaren, salzen und pfeffern. Die Nudeln untermischen und 1 Min. unter Rühren mitbraten, sofort auf den Tisch bringen.

frischer Sattmacher

## Italia-Gemüseeintopf

1 Zwiebel
1 Knoblauchzehe
1 Bund Suppengrün
1 Tomate
1 EL Öl
1 Zweig Thymian (ersatzweise ½ TL getrockneter Oregano)
50 g TK-Bohnen
350 ml Hühner- oder Gemüsebrühe
100 g weiße Bohnen (aus dem Glas)
Salz | Pfeffer
1 EL Pesto (aus dem Glas)
1 EL frisch geriebener Parmesan

Für 1 Person | 45 Min. Zubereitung
Pro Portion ca. 460 kcal, 17 g EW, 21 g F, 52 g KH

1 Zwiebel und Knoblauch schälen und fein hacken. Das Suppengemüse waschen, eventuell putzen und in kleine Würfel schneiden. Die Tomate waschen und klein würfeln, dabei den Stielansatz entfernen.

2 Das Öl in einem Topf erhitzen, darin Zwiebel und Knoblauch glasig dünsten. Thymian und Tomate dazugeben und kurz mitdünsten. Das Gemüse, die unaufgetauten Bohnen und Brühe zugeben. Einmal aufkochen lassen, salzen, pfeffern und zugedeckt bei mittlerer Hitze in 20–30 Min. garen. Weiße Bohnen in ein Sieb gießen, abtropfen lassen und 5 Min. vor dem Garzeitende dazugeben.

3 Die Suppe in einen tiefen Teller geben, das Pesto in die Mitte setzen und den Parmesan darüberstreuen. Mit frischem Weißbrot essen.

schmeckt nach Indien

## Rote-Linsen-Suppe

1 kleine Möhre
½ reife, möglichst feste Mango
1 Tomate | 1 Knoblauchzehe
1 EL Sonnenblumenöl
50 g rote Linsen
½ TL Currypulver
350 ml Hühner- oder Gemüsebrühe
Salz | Zucker
1 EL frisch gepresster Zitronensaft
2 EL Joghurt

Für 1 Person
20 Min. Zubereitung | ca. 35 Min. Garen
Pro Portion ca. 360 kcal, 15 g EW, 13 g F, 45 g KH

1 Die Möhre putzen, schälen und klein würfeln. Die Mango schälen, das Fruchtfleisch vom Stein schneiden und würfeln. Die Tomate waschen und klein würfeln, dabei den Stielansatz entfernen. Den Knoblauch schälen und fein hacken.

2 Das Öl in einem Topf erhitzen, die Möhre darin kurz andünsten. Knoblauch zugeben und kurz mitdünsten. Die Linsen unterrühren und das Currypulver darüberstreuen. Tomate und Mango dazugeben und die Brühe angießen. Alles umrühren, salzen und zugedeckt bei schwacher Hitze 30–35 Min. kochen lassen, dabei ab und zu umrühren.

3 Die Suppe mit Zucker und Zitronensaft abschmecken. Den Joghurt unterrühren und heiß werden, aber nicht mehr kochen lassen.

### TIPP FÜR FRISCHES GRÜN

**Für alle, die Koriandergrün mögen, einfach noch etwas davon klein gehackt darübergeben.**



oben: Italia-Gemüseeintopf | unten: Rote-Linsen-Suppe

Oldtime-Klassiker

# Pfannkuchen – unterschiedlich gefüllt

*Die mochte man früher schon, dick mit Marmelade bestrichen und aufgerollt. Schmeckt immer noch prima, klar – aber wie wär's mal mit was Neuem drin?*

100 g Mehl
Salz
2 Eier
180 ml Milch
2–3 EL kohlensäurehaltiges Mineralwasser
2 EL Butterschmalz (oder Sonnenblumenöl)

Für 1–2 Personen
30 Min. Zubereitung | 15 Min. Quellen
Pro Portion (bei 2 Personen) ca. 390 kcal, 15 g EW, 19 g F, 40 g KH

1 Mehl in eine Schüssel geben, mit Salz mischen – für süße Pfannkuchen nur 1 Prise nehmen, für herzhafte 2–3 Prisen. In die Mitte eine Mulde drücken, die Eier aufschlagen und in die Mulde geben. Knapp die Hälfte der Milch zu den Eiern geben. Das Mehl vorsichtig mit dem Schneebesen von innen heraus unter die Eier-Milch-Mischung rühren. Nach und nach übrige Milch dazugießen. Das Mineralwasser unterschlagen, anschließend den Teig ca. 15 Min. quellen lassen. Inzwischen eine Füllung zubereiten!

2 Ca. 1 TL Butterschmalz in einer beschichteten Pfanne heiß werden lassen. Ein Viertel des Teiges dazugeben und durch gleichmäßiges Drehen der Pfanne verteilen. Die Pfannkuchen bei mittlerer Hitze backen, bis der Teig fest ist, wenden und auf der anderen Seite ebenfalls goldgelb backen. So nacheinander 4 Pfannkuchen backen. Mit einer Füllung nach Wahl bestreichen und aufrollen.

## FRUCHTQUARKFÜLLUNG

150 g gemischte TK-Beeren in einem Sieb auftauen lassen, damit das Wasser abtropfen kann. Die Hälfte davon mit einer Gabel zerdrücken, mit 1 Päckchen Vanillezucker verrühren und mit den ganzen Beeren unter 125 g Sahnequark rühren. Wer es süßer mag, rührt noch Zucker unter.

## SPINATFÜLLUNG

150 g TK-Blattspinat aus dem Kühlfach nehmen. 1 kleine Zwiebel und 1 Knoblauchzehe schälen, beides fein würfeln. 1 EL Olivenöl in einem Topf heiß werden lassen, beides darin glasig andünsten. Den Spinat dazugeben und bei mittlerer Hitze so lange garen, bis er aufgetaut ist, dabei mehrmals wenden. ¼ TL gekörnte Gemüsebrühe unterrühren, mit Salz, Pfeffer und Muskatnuss würzen. Den Spinat vom Herd nehmen und 2 EL Mascarpone oder Frischkäse unterrühren.

## LAUCH-SPECK-FÜLLUNG

1 Stange Lauch putzen, längs vierteln, gründlich waschen und in kleine Stücke schneiden. 60 g Frühstücksspeckscheiben in dünne Streifen schneiden und in 1 TL Butter hellbraun anbraten. Den Lauch zugeben und unter Rühren bei mittlerer Hitze ca. 1 Min. anbraten. Etwa 50 ml Wasser und ¼ TL gekörnte Gemüsebrühe unterrühren, offen ca. 6 Min. kochen lassen. 2 EL saure Sahne unterrühren und mit Salz, Pfeffer und edelsüßem Paprikapulver würzen.

ganz unkompliziert

# Pellkartoffeln mit Radieschenquark

*Schlaue Köche kochen hier gleich mehr Kartoffeln – so stehen am nächsten Tag ganz fix feine Bratkartoffeln wie die Kartoffel-Pilz-Pfanne auf dem Tisch.*

**Für die Kartoffeln:** 3 fest kochende Kartoffeln (à ca. 150 g) | 1/4 TL Kümmel (nach Belieben) | Salz
**Für den Quark:** 8 Radieschen | 2 EL Radieschensprossen (ersatzweise Kresse) | 125 g Magerquark | 2 EL saure Sahne | 1 EL TK-Salatkräuter | Salz | Pfeffer

Für 1 Person | 35 Min. Zubereitung
Pro Portion ca. 365 kcal, 25 g EW, 3 g F, 60 g KH

1 Die Kartoffeln in kaltem Wasser gründlich abbürsten, in einen Topf legen und so viel Wasser dazugießen, dass sie gerade bedeckt sind. Kümmel und Salz darüberstreuen und zum Kochen bringen. Zugedeckt bei mittlerer Hitze in 25–30 Min. garen. Zum Testen, ob sie gar sind, mit einer Gabel in eine Kartoffel stechen – sie muss sich ohne Widerstand einstechen und wieder herausziehen lassen.

2 Inzwischen die Radieschen waschen, putzen und achteln. Die Achtel halbieren oder dritteln. Die Sprossen in einem Sieb kalt abbrausen und abtropfen lassen.

3 Den Quark mit der sauren Sahne und den unaufgetauten Kräutern glatt rühren, die Radieschen unterheben. Den Quark mit Salz und Pfeffer würzen. Die garen Kartoffeln abgießen und kurz ausdampfen lassen. Inzwischen die Sprossen unter den Quark rühren.

## TIPP FÜR KRÄUTERWÜRZE

Im Tiefkühlfach des Supermarkts gibt es verschiedene Kräutermischungen. Hier ist eine für Salatkräuter mit bereits gehackten Zwiebelstücken ideal. Wer die nicht findet, kann aber auch 1/4 rote Zwiebel schälen oder eine Frühlingszwiebel (die sogar mit Grün) putzen, fein hacken und unterrühren.

wie in Mexiko

## Avocadodip

1 reife, weiche Avocado | Saft von ½ Limette (oder Zitrone) | 1 Tomate | 1 Knoblauchzehe | ¼ TL gemahlener Kreuzkümmel | Salz | Pfeffer | 6 Stängel Koriandergrün (aus dem Asienladen; ersatzweise Petersilie)

Für 1 Person | 15 Min. Zubereitung
Pro Portion ca. 390 kcal, 4 g EW, 40 g F, 4 g KH

1 Die Avocado längs halbieren und den Kern entfernen. Das Fruchtfleisch mit dem Löffel herauslösen, mit einer Gabel in einem Suppenteller zermusen und sofort mit Limettensaft verrühren.

2 Die Tomate waschen, klein würfeln, dabei den Stielansatz entfernen. Knoblauch schälen und durch die Presse dazudrücken. Beides mit dem Kreuzkümmel unter das Mus rühren, salzen und pfeffern. Das Koriandergrün waschen und trocken schütteln, die Blättchen fein hacken und unterheben. Passt zu Pellkartoffeln, Fladenbrot oder zu Nacho-Chips.

deftig

## Kartoffel-Pilz-Pfanne

2 Pellkartoffeln vom Vortag | 250 g kleine Champignons | 1 Zwiebel | 10 Rosmarinnadeln (oder getrockneter Rosmarin) | 4 Scheiben gekochter Schinken | 1 EL Butterschmalz | Salz | Pfeffer | edelsüßes Paprikapulver

Für 1 Person | 25 Min. Zubereitung
Pro Portion ca. 580 kcal, 52 g EW, 21 g F, 45 g KH

1 Die Kartoffeln pellen und in größere Würfel schneiden. Die Champignons abreiben und vierteln. Die Zwiebel schälen und würfeln. Den Rosmarin waschen und fein hacken. Die Schinkenscheiben längs halbieren und in Streifen schneiden.

2 Das Butterschmalz in einer beschichteten Pfanne heiß werden lassen. Kartoffeln und Pilze darin bei starker Hitze rundum ca. 2 Min. anbraten. Zwiebel und Rosmarin dazugeben, mit Salz, Pfeffer und Paprikapulver würzen und bei mittlerer Hitze ca. 5 Min. braten, gelegentlich umrühren. Nach der Hälfte der Bratzeit den Schinken unterrühren.

wie in Italien

## Gnocchi mit Gemüseragout

1 gelbe Paprikaschote
1 kleiner Zucchino
1 Knoblauchzehe
1 Sardellenfilet (in Salz eingelegt)
1 EL Olivenöl
150 g stückige Tomaten (aus der Dose)
1 TL Kapern
Salz | Pfeffer
1/4 TL getrockneter Oregano
4 Stängel Basilikum
100 g Gnocchi (aus dem Kühlregal)

Für 1 Person | 30 Min. Zubereitung
Pro Portion ca. 250 kcal, 9 g EW, 13 g F, 25 g KH

1 Die Paprikaschote halbieren, putzen, waschen und in kleine Würfel schneiden. Zucchino waschen, putzen und ebenfalls klein würfeln. Den Knoblauch schälen und mit dem Sardellenfilet fein hacken.

2 Das Öl in einem kleinen Topf erhitzen, Paprikawürfel, Zucchino, Knoblauch und Sardelle zugeben und unter Rühren anbraten. Tomaten und Kapern dazugeben, mit Salz, Pfeffer und Oregano würzen und offen bei schwacher Hitze in 8–10 Min. garen.

3 Inzwischen Salzwasser in einem Topf zum Kochen bringen. Gnocchi hineingeben und nach Packungsanweisung garen. Das Basilikum waschen und trocken schütteln, die Blättchen in Streifen schneiden. Die Gnocchi in ein Sieb abgießen und abtropfen lassen. Das Basilikum unter die Sauce rühren. Gnocchi unter die Sauce mischen.

einfach scharf!

## Peperoni-Tomaten-Reis

2 Tomaten
2–3 eingelegte scharfe Peperoni (aus dem Glas)
1 Knoblauchzehe
2 EL Olivenöl
60 g Reis
1 TL Tomatenmark
100 ml Gemüsebrühe
50 g Cabanossi am Stück
Salz | Pfeffer
1 Frühlingszwiebel (nach Belieben)

Für 1 Person | 40 Min. Zubereitung
Pro Portion ca. 510 kcal, 13 g EW, 30 g F, 48 g KH

1 Die Tomaten waschen und würfeln, dabei die Stielansätze entfernen. Peperonischoten abtropfen lassen und in Ringe schneiden. Knoblauch schälen und fein hacken.

2 1 EL Öl in einem kleinen Topf erhitzen, Knoblauch darin andünsten. Reis und Tomatenmark dazugeben und unter Rühren 1 Min. mitbraten. Tomaten, Peperoni und Brühe unterrühren und den Reis zugedeckt bei schwacher Hitze in ca. 25 Min. garen.

3 Kurz vor Garzeitende die Cabanossi in ca. 1/2 cm dicke Scheiben schneiden. Das übrige Öl in einer kleinen Pfanne erhitzen, die Cabanossi darin kurz anbraten und unter den Reis mischen. Den Reis mit Salz und Pfeffer abschmecken. Nach Belieben die Frühlingszwiebel putzen, waschen, mit dem Grün in feine Ringe schneiden und unter den Reis heben.

### TAUSCHTIPP

**Statt Frühlingzwiebel passt auch mal gut frische oder TK-Petersilie.**

oben: Gnocchi mit Gemüseragout | Peperoni-Tomaten-Reis

wie in Italien

# Auberginen-Mozzarella-Nudeln

*Nudeln schmecken immer und ein Glas fertiges Pesto im Schrank ist nie verkehrt. Noch besser: Saucen, die kaum länger als die Nudeln brauchen.*

1 kleine Aubergine (ca. 180 g) | 1 Knoblauchzehe | 3 getrocknete in Öl eingelegte Tomaten | 125 g Mozzarella | 6 Stängel Petersilie (ersatzweise 1 TL TK-Petersilie) | Salz | 100 g Penne | 3 EL Olivenöl | 1/4 TL getrockneter Thymian | Pfeffer

Für 1 Person | 25 Min. Zubereitung
Pro Portion ca. 750 kcal, 42 g EW, 25 g F, 89 g KH

1 Die Aubergine waschen, putzen, vierteln und in ca. 1/2 cm breite Scheiben schneiden. Den Knoblauch schälen und fein hacken. Die Tomaten in dünne Streifen schneiden. Den Mozzarella mit Küchenpapier trocken tupfen und in Würfel schneiden. Die Petersilie waschen und trocken schütteln, die Blättchen hacken.

2 Für die Nudeln Salzwasser einem großen Topf zum Kochen bringen. Die Nudeln hineingeben und nach Packungsanweisung garen. Inzwischen das Öl in einer beschichteten Pfanne erhitzen, Aubergine und Knoblauch zugeben und unter Rühren anbraten. Mit Thymian, Salz und Pfeffer würzen, bei schwacher Hitze ca. 5 Min. weiterbraten, dabei gelegentlich umrühren. Die Tomaten unterrühren und weitere 3 Min. garen.

3 Die Nudeln in ein Sieb abgießen und abtropfen lassen. Auberginen, Mozzarellawürfel und Petersilie mit den Nudeln mischen. Anrichten und eventuell noch mal mit Pfeffer übermahlen.

nussig-cremig

# Brokkoli-Nuss-Sauce

1 Zwiebel | 1 TL Olivenöl | 60 g Sahne | 100 ml Gemüsebrühe | 40 g gemahlene Haselnüsse | Salz | Pfeffer | frisch geriebene Muskatnuss | 125 g Spaghetti | 150 g Brokkoli (frisch oder TK) | 1 EL frisch geriebener Parmesan

Für 1 Person | 20 Min. Zubereitung
Pro Portion ca. 1030 kcal, 33 g EW, 53 g F, 112 g KH

1 Zwiebel schälen, fein würfeln. Öl erhitzen, Zwiebel darin glasig andünsten. Sahne, Brühe und Haselnüsse zugeben, unter Rühren aufkochen lassen. Sauce kräftig mit Salz, Pfeffer und Muskatnuss würzen, bei mittlerer Hitze um ein Drittel einkochen.

2 Inzwischen Salzwasser zum Kochen bringen. Die Spaghetti darin nach Packungsanweisung garen. Brokkoli waschen, putzen, in kleine Röschen und Stücke schneiden. Ca. 4 Min. vor Garzeitende zu den Nudeln geben. Beides abgießen, abtropfen lassen. Sofort mit Sauce und Parmesan mischen.

cremig-würzig

# Gorgonzolasauce

50 g Gorgonzola | 1 Frühlingszwiebel | Salz | 125 g Spaghetti | 1 TL Butter | 100 g TK-Erbsen | 6 EL Milch | 2 EL Weißwein | 4 EL Mascarpone | Pfeffer | 5 Stängel Petersilie

Für 1 Person | 20 Min. Zubereitung
Pro Portion ca. 980 kcal, 35 g EW, 42 g F, 112 g KH

1 Gorgonzola in Stücke schneiden. Frühlingszwiebel putzen, waschen und samt Grün fein hacken. Salzwasser zum Kochen bringen. Die Spaghetti darin nach Packungsanweisung garen.

2 Butter erhitzen, Zwiebel darin glasig andünsten. Unaufgetaute Erbsen zugeben, unter Rühren andünsten. Milch und Wein zugeben, 1 Min. kochen lassen und bei schwacher Hitze Mascarpone und Gorgonzola einrühren. Sauce salzen, pfeffern und warm halten, gelegentlich umrühren. Petersilie waschen, trocknen, hacken und unter die Sauce rühren. Nudeln abgießen und abtropfen lassen.

ungewöhnlich würzig

# Couscous mit Rosinenmöhren

*So liebt man es im Orient. Gemüse mit gerade so viel Schärfe, dass die feine Fruchtsüße sie schön ausbalanciert. Und dazu: ein Bett aus locker körnigem Couscous.*

**Für die Möhren:**
300 g Möhren
1 Zwiebel
1 EL Olivenöl
½ Stange Zimt
1 EL Tomatenmark
½ TL Mehl
150 ml Gemüsebrühe
2 EL Rosinen
½ TL Currypulver
1–2 Prisen Chilipulver | Salz
Saft von 1 Orange
**Für den Couscous:**
70 g Instant-Couscous
Salz | 1 TL Butter

Für 1 Person | 35 Min. Zubereitung
Pro Portion ca. 533 kcal, 13 g EW,16 g F, 85 g KH

1 Die Möhren waschen, schälen, putzen und schräg in dünne Scheiben schneiden. Die Zwiebel schälen und klein würfeln. Das Öl in einem Topf heiß werden lassen, die Zwiebel darin glasig andünsten. Die Zimtstange, Möhren und Tomatenmark in den Topf geben, das Mehl darüberstreuen und unter Rühren 2 Min. anbraten.

2 Die Brühe, Rosinen, Curry- und Chilipulver unterrühren, salzen und zugedeckt bei schwacher Hitze 15–20 Min. kochen lassen, dabei nach und nach den Orangensaft zugießen.

3 Ca. 10 Min. vor Garzeitende den Couscous in einen kleinen Topf geben. Gut 100 ml Wasser in einem zweiten Topf oder dem Wasserkocher zum Kochen bringen und über den Couscous gießen. Eine gute Prise Salz unterrühren und zugedeckt bei schwacher Hitze ca. 5 Min. quellen lassen. Die Herdplatte ausstellen, die Butter mit einer Gabel unter den Couscous mengen und dabei die Körner auflockern. Eventuell zugedeckt kurz nachziehen lassen, dann mit dem Möhrengemüse servieren.

### TIPP – FÜR MEHR

Wer will, kann zusätzlich noch 100 g abgetropfte Kichererbsen aus der Dose mit den Möhren mitgaren.

### VARIANTE – COUSCOUS-PLÄTZCHEN

Einmal kochen zweimal essen: Doppelte Menge Couscous zubereiten und am nächsten Tag den kalten Couscous mit 3 EL gehackter Petersilie, nach Wunsch 1 gehackten grünen Chilischote und 1 TL Currypulver mischen. 2 Eier (Größe S) verquirlen und unter den Couscous rühren. Ca. 2 EL Mehl unter die Masse mischen, bzw. so viel dass sie gut haftet. Kräftig mit Salz und Pfeffer würden. Daraus 4 flache Plätzchen formen. 2 EL Sonnenblumenöl in einer beschichteten Pfanne erhitzen, die Plätzchen darin bei mittlerer bis starker Hitze ca. 5 Min. pro Seite braten. Heiß essen, eventuell mit dem Avocadodip von Seite 29. Oder Joghurt, der mit etwas frisch gepresstem Knoblauch, Salz, Pfeffer und gemahlenem Kreuzkümmel verrührt wird.

knusprig scharf

## Nacho-Fisch mit Salsa

2 Tomaten | 2 Frühlingszwiebeln
8 Stängel Koriandergrün
1 TL frisch gepresster Limettensaft
¼ TL Zucker (möglichst brauner)
4 EL Olivenöl | Salz | Pfeffer
je 1–2 Msp. Chilipulver und gemahlener Kreuzkümmel
80 g Chili-Nachos (mexikanische Maischips)
1 Ei | 1 EL Milch | 3 EL Mehl
1 Stück Seelachsfilet (ca. 200 g)

Für 1 Person | 30 Min. Zubereitung
Pro Portion ca. 730 kcal, 48 g EW, 48 g F, 27 g KH

1 Tomaten waschen und klein würfeln, dabei die Stielansätze entfernen. Frühlingszwiebeln putzen, waschen und samt Grün in feine Ringe schneiden. Koriandergrün waschen und trocken schütteln, die Blättchen fein hacken. Alles mit Limettensaft, Zucker und 1–2 EL Öl mischen. Die Salsa mit Salz, Pfeffer, Chilipulver und Kreuzkümmel pikant abschmecken.

2 Chips in einen Plastikgefrierbeutel füllen, nicht zu fein zerbröseln und auf einen Teller geben. Das Ei in einen tiefen Teller aufschlagen, Milch zugeben und mit dem Schneebesen verquirlen, salzen und pfeffern. Das Mehl in einen tiefen Teller geben.

3 Das Fischfilet trocken tupfen, salzen und pfeffern. Erst in Mehl wenden, überschüssiges Mehl abklopfen, dann durch das Ei ziehen, in den Chips wenden, dabei die Krümel fest andrücken. 2 EL Öl in einer beschichteten Pfanne erhitzen, den Fisch darin bei mittlerer Hitze beidseitig je 2–3 Min. braten. Mit der Salsa servieren.

curryscharf & kokosmild

## Fisch in Kokossauce

150 g Rotbarschfilet
1 kleine Banane
Saft von 1 Limette
1 Möhre | 1 Stange Staudensellerie
1 Zwiebel | 1 EL Sonnenblumenöl
1 TL Currypulver
200 ml Kokosmilch (aus der Dose)
1 TL Sojasauce
1 Stängel Thai-Basilikum (aus dem Asienladen)
½ TL Zucker | Salz

Für 1 Person | 35 Min. Zubereitung
Pro Portion ca. 450 kcal, 32 g EW, 17 g F, 43 g KH

1 Das Fischfilet in mundgerechte Stücke schneiden. Die Banane schälen und in ca. 1 cm breite Scheiben schneiden. Beides mit 2 EL Limettensaft mischen. Die Möhre putzen und schälen, den Staudensellerie waschen und putzen, beides schräg in dünne Scheiben schneiden. Die Zwiebel schälen und längs in Achtel schneiden.

2 Das Öl in einem Topf erhitzen. Zwiebel, Möhre und Staudensellerie darin unter Rühren ca. 3 Min. anbraten. Das Currypulver unterrühren, die Kokosmilch und Sojasauce dazugeben und das Gemüse zugedeckt bei mittlerer Hitze in ca. 10 Min. garen.

3 Den Fisch und die Banane unterrühren und bei schwacher Hitze ca. 5 Min. ziehen lassen. Inzwischen das Basilikum waschen und trocken schütteln, die Blättchen abzupfen. Die Sauce mit Zucker, Salz und übrigem Limettensaft abschmecken und das Basilikum unterrühren. Schmeckt toll mit Reis.



oben: Nacho-Fisch mit Salsa | unten: Fisch in Kokossauce

fruchtig-deftig

# Geschnetzeltes mit Äpfeln

*Schnitzel sind was Feines. Nicht zuletzt, weil sie auch klein geschnetzelt noch eine richtig gute Figur in der Pfanne machen.*

1 Schweineschnitzel (ca. 125 g) | Salz | Pfeffer | 1 TL Mehl | 1 rote Zwiebel | 1 Apfel (z. B. Boskop) | 1 EL frisch gepresster Zitronensaft | 1 ½ EL Butterschmalz | 50 g Sahne | 50 ml Gemüsebrühe | 2 EL Calvados (franz. Apfelschnaps, ersatzweise Sherry) | ¼ Bund Schnittlauch | 1 TL Meerrettich (aus dem Glas)

Für 1 Person | 25 Min. Zubereitung
Pro Portion ca. 570 kcal, 31 g EW, 34 g F, 22 g KH

1 Das Schnitzel in schmale Streifen schneiden, salzen, pfeffern und mit dem Mehl mischen. Die Zwiebel schälen und längs achteln. Den Apfel waschen, vierteln, das Kerngehäuse entfernen, die Viertel in ca. ½ cm schmale Stücke schneiden und sofort mit dem Zitronensaft mischen.

2 Die Hälfte Butterschmalz in einer beschichteten Pfanne erhitzen, die Zwiebel darin andünsten. Apfel dazugeben und 2–3 Min. mitbraten, dann beides aus der Pfanne nehmen.

3 Das übrige Butterschmalz in derselben Pfanne heiß werden lassen, das Fleisch darin in ca. 3 Min. braten, dabei rühren, dass es nicht anbrennt. Sahne, Brühe und Calvados dazugießen und bei mittlerer Hitze 3 Min. kochen lassen.

4 Inzwischen den Schnittlauch waschen, trocken schütteln und in Röllchen schneiden. Meerrettich in die Sauce rühren, Apfel und Zwiebel zugeben, mit Salz und Pfeffer abschmecken und 2–3 Min. kochen lassen. Mit Schnittlauch bestreuen und zu Salzkartoffeln oder Kartoffelbrei essen.

bodenständig

## Schweineschnitzel mit Gurken

½ Salatgurke (ca. 300 g) | 2 Frühlingszwiebeln | 1 EL Butterschmalz | 1 Schweineschnitzel (ca. 150 g) | Salz | Pfeffer | 75 g saure Sahne | 1 EL Senf (falls möglich körniger) | 1 Prise Chilipulver

Für 1 Person | 25 Min. Zubereitung
Pro Portion ca. 385 kcal, 39 g EW, 22 g F, 9 g KH

1 Gurke schälen, längs halbieren, entkernen und in Scheiben schneiden. Frühlingszwiebeln putzen, waschen, den weißen und grünen Teil getrennt in Ringe schneiden. Butterschmalz in einer beschichteten Pfanne erhitzen, das Schnitzel darin beidseitig je 1–2 Min. scharf anbraten, salzen und pfeffern. Gurke und weiße Zwiebelringe zugeben und zugedeckt bei mittlerer Hitze ca. 5 Min. dünsten.

2 Saure Sahne und Senf verrühren, in der Pfanne einmal aufkochen lassen. Mit Salz, Pfeffer, Chilipulver würzen. Die grünen Zwiebelringe unterrühren.

superfix & knusprig

## Hähnchenbrust mit Nusskruste

1 Hähnchenbrustfilet (ca. 150 g) | Salz | Pfeffer | 3 EL Mehl | 1 Ei | 2 EL Milch | 5 EL gemahlene Haselnüsse | 2 Msp. Chilipulver | ⅓ TL Kräuter der Provence | 1 EL Butterschmalz (oder Öl)

Für 1 Person | 20 Min. Zubereitung
Pro Portion ca. 690 kcal, 50 g EW, 43 g F, 27 g KH

1 Das Hähnchenbrustfilet mit der Hand platt drücken, beidseitig salzen und pfeffern. Das Mehl auf einen Teller geben. Ei und Milch in einem tiefen Teller verquirlen. Die Nüsse in einem dritten Teller mit Chilipulver und Kräutern mischen.

2 Butterschmalz in einer kleinen Pfanne erhitzen. Das Hähnchenbrustfilet erst in Mehl wenden, Mehl leicht abklopfen, dann durch das Ei ziehen und in den Nüssen wenden, dabei die Nüsse fest andrücken. Im heißen Fett bei mittlerer Hitze pro Seite in jeweils 3–4 Min. goldgelb braten.

Süßer Sattmacher

# Milchreis mit Beerenkompott

*Egal, ob warm oder kalt, mit Kompott oder mit Zucker und Zimt bestreut – er schmeckt immer. Drum wird er in doppelter Menge gekocht: zum Kaltessen oder für Reisschmarren am nächsten Tag.*

**Für den Milchreis:**
350 ml Milch
1 Prise Salz
1 Stückchen Schale von 1 Bio-Zitrone
1 Päckchen Vanillezucker
1–2 EL Zucker (nach Belieben)
100 g Milchreis (der rundkörnige)
**Für das Beerenkompott:**
180 ml Kirschsaft
3–4 EL Zucker
½ Stange Zimt
300 g gemischte TK-Beeren
1 gestrichener TL Speisestärke
1 EL Sherry (nach Belieben)

Für 2 Personen | 35 Min. Zubereitung
Pro Portion ca. 520 kcal, 11 g EW, 7 g F, 100 g KH

1 Die Milch mit dem Salz, der Zitronenschale, dem Vanillezucker und nach Belieben mit Zucker in den Topf geben (wer später noch Zimt-Zucker oder Zucker drüberstreuen möchte, lässt ihn weg). Unter Rühren zum Kochen bringen, dann den Milchreis einstreuen. Zugedeckt bei schwacher Hitze in ca. 30 Min. garen, dabei ab und zu umrühren, damit er nicht anbrennt.

2 Inzwischen den Kirschsaft mit Zucker und der Zimtstange in einem Topf bei mittlerer Hitze ca. 5 Min. kochen lassen. Die gefrorenen Beeren hineingeben. Die Speisestärke mit 4 EL kaltem Wasser verrühren und dazugießen. Alles einmal aufkochen und bei schwacher Hitze 2–3 Min. köcheln lassen. Nach Belieben Sherry unterrühren und das Kompott vom Herd nehmen. Zimtstange und Zitronenschale entfernen

3 Den Milchreis in Schälchen füllen und das Kompott darübergeben. Beides schmeckt sowohl warm als auch kalt.

**VARIANTE – SÜSSER REISSCHMARREN**

Hierfür braucht es die Hälfte des gekochten Milchreises von oben – ist also eine prima Resteverwertung! Den abgekühlten Reis mit 6 fein gewürfelten getrockneten Aprikosen oder 2 EL Rosinen, 2 Eigelben, 60 g Mehl, 2 Msp. Zimtpulver, nach Belieben 2 EL Amaretto oder Rum und 50 ml Milch verrühren. 2 Eiweiße und 1 Prise Salz mit den Schneebesen des Handrührgeräts halbsteif schlagen, 1 EL Zucker einrieseln lassen und vollständig steif schlagen. Den Eisschnee vorsichtig unter die Reismasse heben. 2 EL Butterschmalz in einer kleinen beschichteten Pfanne erhitzen. Den Teig hineingeben, bei schwacher Hitze stocken lassen, dann wenden. Leicht bräunen lassen, mit einem Holzlöffel in Stücke zerteilen und goldbraun fertig braten. Wer will, bestreut ihn vor dem Essen noch mit Zimt-Zucker (dafür einfach Zucker mit wenig gemahlenem Zimt nach Geschmack mischen).

# Für Viele

Das Schöne am Studieren ist, man lernt nicht nur jede Menge Neues, sondern auch viele nette Leute kennen. Mit denen lassen sich prima auch mal ein paar neue Rezepte ausprobieren. Klar, Old-time-classics wie Chili con carne müssen sein, aber wie wäre es auch mal mit spannenden Gerichten aus aller Welt wie Brotsalat mit Bohnen.

# Brotsalat mit Bohnen

500 g Kirschtomaten
2 rote Zwiebeln
200 g türkisches Fladenbrot
2 Knoblauchzehen
1 Zweig Rosmarin
7 EL Olivenöl
1 Dose weiße Bohnen (ca. 240 g Abtropfgewicht)
100 g Schafkäse (Feta)
1 Bund glatte Petersilie
2–3 EL Weißweinessig
Salz | Pfeffer
1–2 Msp. Sambal oelek

Für 4 Personen
30 Min. Zubereitung | 30 Min. Marinieren
Pro Portion ca. 430 kcal, 15 g EW, 23 g F, 41 g KH

**1** Die Tomaten waschen und vierteln. Zwiebeln schälen, quer halbieren und längs in Streifen schneiden. Das Brot in mundgerechte Würfel schneiden. Knoblauch schälen und hacken. Rosmarin waschen und trocken schütteln, Nadeln abzupfen und hacken.

**2** 4 EL Öl in einer beschichteten Pfanne erhitzen, das Brot darin mit Knoblauch und Rosmarin unter Rühren knusprig braun braten, dann herausnehmen. Die Bohnen in ein Sieb abgießen, kalt abbrausen und abtropfen lassen. Den Schafkäse klein würfeln. Petersilie waschen und trocken schütteln, die Blättchen grob hacken.

**3** Übriges Öl und Essig verrühren, mit Salz, Pfeffer und Sambal oelek würzen. Alle Zutaten mit der Marinade mischen und noch ca. 30 Min. ziehen lassen.

mit Asiakick

## Reissalat mit Curry

1 Zwiebel | 6 EL Sonnenblumenöl
200 g Reis | 400 ml Gemüsebrühe
1 ½ EL Currypulver
250 g Staudensellerie | Salz
1 große, reife Mango
150 g Putenbrustaufschnitt
3 EL frisch gepresster Zitronensaft
6 EL frisch gepresster Orangensaft
½ Bund Koriandergrün
Pfeffer

Für 4 Personen | 45 Min. Zubereitung
Pro Portion ca. 370 kcal, 14 g EW, 16 g F, 44 g KH

1 Die Zwiebel schälen und fein würfeln. 1 EL Öl in einem Topf erhitzen, die Zwiebel darin glasig andünsten. Reis dazugeben und glasig werden lassen. Brühe und 1 EL Currypulver unterrühren. Zugedeckt bei schwacher Hitze in ca. 20 Min. bissfest garen. Den Reis abkühlen lassen.

2 Inzwischen den Staudensellerie waschen, putzen und in Scheiben schneiden. In kochendem Salzwasser in ca. 2 Min. bissfest garen, in ein Sieb abgießen und kalt abbrausen. Die Mango schälen (geht prima mit dem Sparschäler), das Fruchtfleisch schräg vom Stein schneiden und klein würfeln. Putenbrustaufschnitt in Streifen schneiden.

3 Zitronen- und Orangensaft, übriges Currypulver und Öl verrühren. Koriandergrün waschen und trocken schütteln, die Blättchen fein hacken. Mit Reis, Staudensellerie, Mango, Putenbrustaufschnitt und Dressing mischen, salzen und pfeffern und noch kurz durchziehen lassen.

orientalisch

## Couscous-Kichererbsen-Salat

200 g Instant-Couscous | Salz
10 Soft-Trockenaprikosen
250 g Möhren | 150 ml Gemüsebrühe
Saft von 1 Orange | ½ TL Sambal oelek
1 Dose Kichererbsen (ca. 240 g Abtropfgewicht)
4 Stängel Minze (ersatzweise ½ Bund Petersilie)
200 g Joghurt | Pfeffer
½ TL gemahlener Kreuzkümmel

Für 4 Personen
15 Min. Zubereitung | 30 Min. Ruhen
Pro Portion ca. 450 kcal, 20 g EW, 6 g F, 76 g KH

1 200 ml Wasser zum Kochen bringen, Couscous einrühren, salzen und zugedeckt bei ausgeschalteter Platte ca. 10 Min. quellen lassen, dann mit einer Gabel auflockern.

2 Inzwischen die Aprikosen in Streifen schneiden. Möhren putzen, schälen und schräg in Scheiben schneiden. Brühe, Orangensaft und Sambal oelek in einem Topf verrühren und aufkochen lassen. Möhren und Aprikosen zugeben und zugedeckt bei mittlerer Hitze in ca. 5 Min. bissfest garen.

3 Kichererbsen in ein Sieb gießen, kalt abbrausen und abtropfen lassen. Mit Couscous, Möhren und Aprikosen mit Sud mischen, 30 Min. ziehen lassen.

4 Inzwischen die Minze waschen und trocken schütteln, die Blättchen abzupfen und in Streifen schneiden. Unter den Joghurt mischen. Den Joghurt mit Salz, Pfeffer und Kreuzkümmel würzen und mit dem Salat servieren.



links: Couscous-Kichererbsen-Salat | rechts: Reissalat mit Curry

für kühle Herbsttage

## Curry-Kürbis-Suppe

600 g Hokkaido-Kürbis
1 Zwiebel
1 Stange Lauch
1 saurer Apfel (z. B. Boskop)
2 EL Olivenöl
1 ½ EL Zucker
1 l Gemüsebrühe
Salz | Pfeffer | 1–2 TL Currypulver
2 EL Kürbiskerne (nach Belieben)
100 g Sahne

Für 4 Personen | 55 Min. Zubereitung
Pro Portion ca. 235 kcal, 5 g EW, 17 g F, 16 g KH

1 Den Kürbis schälen, in Spalten schneiden, die Kerne wegschneiden und die Spalten ca. 2 cm groß würfeln. Die Zwiebel schälen und in Ringe schneiden. Den Lauch putzen, längs aufschneiden, gründlich waschen und in Ringe schneiden. Den Apfel waschen und in Spalten schneiden, dabei das Kerngehäuse wegschneiden.

2 Das Öl in einem großen Topf erhitzen, Zwiebel und Lauch darin kurz andünsten. Den Zucker darüberstreuen und leicht bräunen lassen. Die Brühe zugießen, Apfel und Kürbis unterrühren. Mit Salz, Pfeffer und Currypulver würzen. Alles zugedeckt. bei mittlerer Hitze in 25–30 Min garen, bis der Kürbis und der Apfel weich sind.

3 Die Kürbiskerne nach Belieben in einer Pfanne ohne Fett rösten. Sahne unter die Suppe rühren, heiß werden lassen und alles mit dem Pürierstab cremig pürieren. Eventuell mit Salz und Pfeffer abschmecken und mit Kürbiskernen bestreut servieren.

Partyklassiker neu aufgelegt

## Chili con carne

2 Zwiebeln
2 Knoblauchzehen
2 rote Chilischoten
3 EL Olivenöl
500 g Rinderhackfleisch
3 EL Tomatenmark | Salz | Pfeffer
1 TL gemahlener Kreuzkümmel
1 Dose stückige Tomaten (400 g Füllgewicht)
¼ l Rinderbrühe
1 Dose Mais (ca. 400 g Abtropfgewicht)
1 Dose Kidneybohnen (ca. 400 g Abtropfgewicht)
½ Bund Koriandergrün
100 g saure Sahne

Für 4 Personen | 55 Min. Zubereitung
Pro Portion ca. 810 kcal, 45 g EW, 32 g F, 86 g KH

1 Zwiebeln und Knoblauch schälen, beides würfeln. Chilischoten halbieren, putzen, waschen und fein hacken. Das Öl in einem großen Topf erhitzen, Zwiebeln darin glasig andünsten. Hackfleisch, Knoblauch und Chili dazugeben und unter Rühren bei starker Hitze krümelig braten. Tomatenmark, unterrühren, mit Salz, Pfeffer und Kreuzkümmel würzen und bei mittlerer Hitze kurz weiterbraten. Tomaten und Brühe unterrühren und zugedeckt bei schwacher Hitze ca. 30 Min. kochen lassen.

2 Mais und Bohnen in ein Sieb abgießen, abtropfen lassen und zum Hackfleisch geben. Alles offen ca. 15 Min. kochen lassen. Koriandergrün waschen und trocken schütteln, die Blättchen hacken, mit der sauren Sahne mischen. Den Eintopf mit Salz und Pfeffer abschmecken und mit je 1 Klecks saurer Sahne darauf servieren.



oben: Curry-Kürbis-Suppe | unten: Chili con carne

gut & preiswert

## Kartoffel-Gemüse-Gratin

750 g fest kochende Kartoffeln
1 Stange Lauch | 1 Zucchino
Salz | Pfeffer | frisch geriebene Muskatnuss
200 g Sahne
150 ml Gemüsebrühe
1 TL getrockneter Thymian
150 g Greyerzer Käse
1 Bund Schnittlauch
Butter für die Form

Für 4 Personen
20 Min. Zubereitung | 1 Std. Backen
Pro Portion ca. 450 kcal, 17 g EW, 31 g F, 26 g KH

1 Kartoffeln schälen, waschen und in feine Scheiben schneiden. Lauch putzen, längs aufschneiden, gründlich waschen und in ca. 4 mm dicke Ringe schneiden. Zucchino waschen, putzen und in ca. 4 mm dicke Scheiben schneiden.

2 Den Backofen auf 200° vorheizen. Eine ofenfeste Auflaufform mit Butter ausfetten. Kartoffel- und Gemüsescheiben abwechselnd schuppenartig, fast aufrecht einschichten. Mit Salz, Pfeffer und Muskatnuss würzen.

3 Sahne, Brühe und Thymian verrühren und über das Gemüse gießen. Den Käse eventuell von der Rinde befreien, fein reiben und über das Gemüse streuen. Das Gratin im Ofen (Mitte, Umluft 180°) in 50–60 Min. goldbraun backen. Eventuell gegen Garzeitende mit Alufolie abdecken, damit die Kruste nicht zu dunkel wird. Schnittlauch waschen, trocken schütteln, in Röllchen schneiden und über das Gratin streuen. Dazu passt frischer Salat.

orientalisch

## Gemüse-Joghurt-Auflauf

½ kleiner Weißkohl (ca. 300 g)
2 kleine Fenchelknollen
2 rote Paprikaschote
2 Zucchini | 1 Gemüsezwiebel
2 Knoblauchzehen | Salz | Pfeffer
250 g türkische Knoblauchwurst
(ersatzweise Cabanossi)
1 Bund Petersilie | 500 g Joghurt
5 Eier | 1 EL Speisestärke
1 TL gemahlener Kreuzkümmel
Olivenöl zum Braten

Für 4 Personen
20 Min. Zubereitung | ca. 45 Min. Garen
Pro Portion ca. 460 kcal, 26 g EW, 33 g F, 16 g KH

1 Kohl halbieren, den Strunk wegschneiden, die Hälften quer in ca. 1 cm breite Streifen schneiden. Übriges Gemüse waschen, putzen. Fenchel und Paprikaschoten in Streifen schneiden, Zucchini halbieren, in Scheiben schneiden. Zwiebel schälen, in Spalten schneiden. Knoblauch schälen und hacken.

2 Je ca. 2 EL Öl in einer Pfanne erhitzen, Gemüse mit Knoblauch darin nacheinander portionsweise 2–3 Min. anbraten, salzen und pfeffern, abkühlen lassen. Die Wurst würfeln. Petersilie waschen und trocken schütteln, die Blättchen hacken. Joghurt, Eier und Speisestärke verquirlen, kräftig mit Salz, Pfeffer und Kreuzkümmel würzen.

3 Den Ofen auf 200° vorheizen. Eine ofenfeste Form mit Öl auspinseln. Joghurt, Gemüse, Wurst und Petersilie mischen, in die Form geben. Im Ofen (Mitte, Umluft 180°) in 35–45 Min. garen.



links: Kartoffel-Gemüse-Gratin | rechts: Gemüse-Joghurt-Auflauf

deftig | braucht Zeit

# Rindertopf mit Rotwein

*Das kommt uns »très« französisch vor: Rindfleisch ganz gemütlich geschmort und mediterran gewürzt. Dazu passt schlichtes Baguette und natürlich Rotwein!*

1,2 kg Rindfleisch (für Gulasch)
150 g geräucherter Speck
2 Zwiebeln | 3 Knoblauchzehen
4 Stangen Staudensellerie
3 Möhren
3 kleine Zucchini (ca. 500 g)
4 EL Olivenöl
½ l trockener Rotwein
1 TL Kräuter der Provence
1 Lorbeerblatt | Salz | Pfeffer

Für 6 Personen
40 Min. Zubereitung | 3 Std. Garen
Pro Portion ca. 520 kcal, 48 g EW, 27 g F, 9 g KH

**1** Das Rindfleisch in ca. 4 cm große Würfel schneiden. Die Schwarte vom Speck wegschneiden, den Speck klein würfeln. Zwiebeln und Knoblauch schälen, beides ebenfalls klein würfeln. Staudensellerie waschen, putzen, längs halbieren und in kleine Stücke schneiden. Die Möhren putzen, schälen, längs vierteln und in kleine Stücke schneiden. Zucchini waschen, putzen, längs vierteln und ebenfalls in kleine Stücke schneiden.

**2** 2 EL Öl in einem großen Topf erhitzen, den Speck darin bei schwacher Hitze braun anbraten, ca. ein Drittel Knoblauch- und Zwiebelwürfel dazugeben und ca. 10 Min. mitbraten. Die Zucchini unterrühren und zugedeckt ca. 10 Min. mitbraten. Die Mischung salzen, pfeffern und aus dem Topf in eine Schüssel geben und beiseitestellen.

**3** Den Topf samt Bratfett zurück auf den Herd stellen, übriges Öl hineingeben und heiß werden lassen. Das Fleisch darin portionsweise rundherum braun anbraten. Die übrigen Zwiebeln und Knoblauchwürfel zufügen und kurz andünsten. Den Wein dazugießen, Möhren und Staudensellerie dazugeben. Kräuter der Provence und Lorbeerblatt unterrühren. Das Fleisch mit Salz und Pfeffer würzen. Alles aufkochen lassen und zugedeckt bei schwacher Hitze ca. 2 Std. 45 Min. schmoren lassen, dabei gelegentlich umrühren.

**4** Die Zucchini mit dem Speck unterrühren und alles offen bei mittlerer Hitze weitere 15 Min. garen. Den Rindertopf einfach mit knusprig-frischem Baguette servieren.

## TIPPS

Wer etwas Zeit sparen will, kauft schon fertig gewürfeltes Rindergulasch. Dafür dürfen es aber vielleicht mal frische Kräuter sein? Wenn ja, sind 1 Zweig Rosmarin, 4 Zweige Thymian und eventuell noch ein kleines Stück Schale von 1 Bio-Orange die perfekte Würze. Und dann das fertige Gericht noch mit ein wenig grob gehackter Petersilie bestreuen. Und der superheiße Tipp für eine herb-sämige Sauce: Einfach 60 g zartbittere Schokolade kurz vor Garzeitende in der Sauce schmelzen lassen.

edel & cremig

## Fisch in Basilikumsahne

½ Bio-Zitrone
800 g Seelachsfilet
1 kleine Zwiebel
2 EL Butter
⅛ l Weißwein (ersatzweise Fischfond)
200 g Sahne
100 ml Fischfond (aus dem Glas)
Salz | Pfeffer
1 Bund Basilikum

Für 4 Personen | 35 Min. Zubereitung
Pro Portion ca. 380 kcal, 38 g EW, 22 g F, 4 g KH

**1** Die Zitrone heiß waschen und abtrocknen, ca. 2 Msp. Schale fein abreiben und den Saft auspressen. Die Fischfilets in 8 gleich große Stücke schneiden und mit ca. 2 EL Zitronensaft einreiben.

**2** Die Zwiebel schälen und fein würfeln. Die Butter in einer Pfanne heiß werden lassen, die Zwiebel darin glasig andünsten. Den Weißwein dazugeben und ca. 1 Min. kochen lassen. Sahne und Fischfond dazugießen und alles offen bei starker Hitze in ca. 6 Min. um gut ein Drittel einkochen lassen. Mit Salz und Pfeffer würzen.

**3** Inzwischen das Basilikum waschen und trocken schütteln, die Blättchen in feine Streifen schneiden und mit der Zitronenschale unter die Sauce rühren. Die Fischstücke leicht salzen, pfeffern und in die Sauce legen. Den Fisch zugedeckt bei schwacher Hitze in ca. 5 Min. garen. Dazu schmecken Reis oder Bandnudeln.

fruchtig-exotisch

## Pute mit Orangenchicorée

800 g Putenschnitzel
5 Stauden Chicorée | 3 Orangen
2 EL Butterschmalz
Salz | Pfeffer
180 ml Hühnerbrühe
150 g Sahne
1–1 ½ TL indische Currypaste
(ersatzweise 1–2 TL Currypulver)
1 TL Zucker

Für 4 Personen | 40 Min. Zubereitung
Pro Portion ca. 440 kcal, 52 g EW, 19 g F, 13 g KH

**1** Putenschnitzel quer in ca. 6 cm breite Stücke schneiden. Chicorée putzen und den Strunk wegschneiden, die einzelnen Blätter ablösen, waschen, trocknen und in ca. 3 cm breite Streifen schneiden. Von 2 Orangen die Schale mit einem scharfen Messer so abschneiden, dass die weiße Haut mitentfernt wird. Die einzelnen Orangenfilets aus den Zwischenhäuten schneiden, dabei den Saft auffangen. Den Saft der übrigen Orange auspressen.

**2** Das Butterschmalz in einer großen beschichteten Pfanne heiß werden lassen. Das Fleisch hineinlegen und bei starker Hitze pro Seite ca. 2 Min. anbraten. Fleisch salzen, pfeffern und aus der Pfanne nehmen.

**3** Im Bratfett den Chicorée kurz andünsten. Brühe, Sahne und Orangensaft dazugießen, die Currypaste einrühren. Den Chicorée salzen und pfeffern. Das Fleisch obenauf legen und zugedeckt bei mittlerer Hitze in ca. 15 Min. garen. Orangenfilets und Zucker unterrühren und 2–3 Min. mitgaren. Sofort servieren, am besten mit Reis oder Couscous.



oben: Fisch in Basilikumsahne | unten: Pute mit Orangenchicorée

gut vorzubereiten

# Hähnchenkeulen auf Paprikagemüse

*Das ideale Essen für Gäste: Alles gart fast ganz von alleine im Ofen und um den großen Abwasch muss man sich hier auch nicht sorgen.*

6 Hähnchenkeulen (à ca. 380 g)
3 Knoblauchzehen
3 Zweige Rosmarin | 3 EL Butter
1 TL edelsüßes Paprikapulver
Salz | Pfeffer
8 Paprikaschoten (gelb, grün, rot)
4 EL Olivenöl
100 ml Weißwein
ca. 1/4 l Hühnerbrühe

Für 6 Personen
20 Min. Zubereitung | 50 Min. Garen
Pro Portion ca. 415 kcal, 30 g EW, 28 g F, 7 g KH

**1** Die Hähnchenkeulen kalt abspülen und trocken tupfen. Die Haut am unteren Ende leicht mit dem Finger lösen (Bild 1) und die Haut nach oben hin mit dem Finger vom Fleisch lösen. Den Knoblauch schälen, 1 Zehe durchpressen. Den Rosmarin waschen und trocken schütteln, von 1 Zweig die Nadeln abstreifen und fein hacken. Die Butter in einem Pfännchen schmelzen lassen, Knoblauch und Rosmarin dazugeben und das Paprikapulver unterrühren. Die Hähnchenkeulen damit bepinseln, dabei möglichst etwas davon unter die Haut schieben (Bild 2). Die Keulen salzen und pfeffern.

**2** Backofen auf 220° vorheizen. Die Paprikaschoten halbieren, putzen und waschen und in ca. 5 cm große Stücke schneiden. Den übrigen Knoblauch in dünne Scheiben schneiden. Die übrigen Rosmarinzweige in kleine Zweigchen zerzupfen. Paprikastücke, Rosmarin und Knoblauchscheiben mit dem Öl mischen, salzen und pfeffern und auf einem Backblech verteilen.

**3** Die Keulen auf das Paprikagemüse legen. Im Ofen (Mitte, Umluft 200°) ca. 15 Min. garen. Den Wein und eventuell etwas von der Brühe angießen und weitere 35 Min. garen, dabei nach und nach die übrige Brühe zugießen (so etwa alle 15 Min.). Eventuell das Gemüse einmal vorsichtig umrühren. Heiß auf den Tisch bringen und mit frischem Baguette servieren.

## AUSTAUSCH-TIPP

Anstelle von Paprikaschoten schmeckt auch eine bunte Gemüsemischung: 3 Paprikaschoten wie oben beschrieben in Stücke schneiden, 2 Zucchini in ca. 1 cm dicke Scheiben und 6 Stangen Staudensellerie in 5 cm lange Stücke schneiden, 2 Gemüsezwiebeln längs achteln und 12 Kirschtomaten halbieren. Und wer es gerne mit etwas Schärfe mag, halbiert noch 1 frische rote Chilischote, kratzt die Kernchen heraus und hackt die Schote klein. Mit dem Knoblauch und Öl unter das Gemüse mischen.

1

2

Edles für liebe Gäste

# Quiche mit Spinat und Lachs

*Dieser herzhafte Kuchen kommt sicher prima an und Lachs kostet zum Glück nicht mehr die Welt. Super dabei – ist das Blech erst mal im Ofen, hat man schon Zeit zum gemütlichen Plauschen.*

6 Scheiben TK-Blätterteig (300 g)
250 g frisches Lachsfilet (ohne Haut)
1 Bund Dill | 1 Bio-Zitrone
250 g Crème fraîche | 2 Eier
1 Zwiebel
1 EL Butter
Salz | Pfeffer
600 g TK-Blattspinat
½ TL gekörnte Gemüsebrühe
frisch geriebene Muskatnuss
etwas Mehl zum Arbeiten

Für 1 Spring- oder Tarteform von 26 cm Ø
(8 Stücke)
40 Min. Zubereitung | 30 Min. Backen
Pro Portion ca. 380 kcal, 12 g EW, 30 g F, 16 g KH

1 Die Teigplatten nebeneinander legen und antauen lassen. Lachsfilet in schmale Streifen oder Stücke schneiden. Dill waschen und trocken schütteln, die Spitzen fein hacken. Die Zitrone heiß waschen und abtrocknen, 2 Msp. Schale abreiben und den Saft auspressen. Den Lachs mit 2 EL Zitronensaft und der Hälfte des Dills mischen.

2 Crème fraîche und Eier verrühren, Zitronenschale und übrigen Dill unterrühren, salzen und pfeffern. Zwiebel schälen, fein hacken. Butter in einem Topf schmelzen lassen, die Zwiebel darin glasig andünsten. Den unaufgetauten Spinat dazugeben, unter Rühren mitdünsten. Sobald er zur Hälfte aufgetaut ist, die Brühe unterrühren, mit Salz, Pfeffer und Muskatnuss würzen. Unter Rühren weiterdünsten, bis der Spinat aufgetaut ist, dann vom Herd nehmen.

3 Ofen auf 200° vorheizen. Die Arbeitsplatte mit wenig Mehl bestreuen, je 3 Blätterteigplatten übereinanderlegen und überlappend nebeneinander legen, dann mit einem Nudelholz ca. 2 cm größer als die Form ausrollen. Den Teig in die Form legen, sodass ein ca. 2 cm hoher Rand nach oben steht.

4 Spinat mit einer Gabel gut auspressen und mit einem großen Messer grob zerschneiden. Mit den Lachsstücken mischen und auf dem Teig verteilen. Die Eiermasse gleichmäßig darübergießen. Die Quiche im Ofen (Mitte, Umluft 180°) in 25–30 Min. goldgelb backen. Heiß servieren, am besten mit einem frischen grünen Salat.

### VARIANTEN MIT RÄUCHERFISCH ODER KÄSE

**Anstelle von frischem Lachs schmeckt auch geräucherter Lachs. Die Scheiben in schmale Streifen schneiden und unter den Spinat mischen. Da geräucherter Lachs salziger und intensiver im Geschmack ist, braucht man nur ca. 150 g und weniger Salz. Wer keinen Fisch mag, kann 200 g klein gewürfelten Schafkäse (Feta) unter den Spinat mischen – der muss nicht mit Zitronensaft mariniert werden, dafür die Hälfte Dill unter den Spinat mischen.**

Klassiker neu aufgelegt

## Kaffee-Schoko-Mousse

3 TL Instant-Kaffeepulver
200 g Zartbitterschokolade
3 EL Butter
3 ganz frische Eier
3 EL Zucker
2 EL Amaretto (nach Belieben)
200 g Sahne
1 Päckchen Sahnesteif

Für 6 Personen
50 Min. Zubereitung | 6 Std. Kühlen
Pro Portion ca. 395 kcal, 6 g EW, 30 g F, 24 g KH

1 Kaffeepulver in 2 EL heißem Wasser auflösen. Die Schokolade in ein kleine Porzellanschüssel zerbröckeln, Butter dazugeben. Die Schüssel in einen Topf mit Wasser stellen und unter Rühren bei schwacher Hitze schmelzen lassen – Vorsicht, dass kein Wasser in die Schüssel spritzt.

2 Die Eier trennen. Die Eigelbe und Zucker mit den Quirlen des Handrührgeräts verrühren, bis die Masse hell und cremig ist. Kaffee, nach Belieben Amaretto und die Schokolade nach und nach unterrühren und abkühlen lassen.

3 Die Eiweiße mit dem Handrührgerät steif schlagen. Die Sahne separat mit dem Sahnesteif ebenfalls steif schlagen. Eischnee und die Hälfte der Sahne vorsichtig unter die Schokocreme heben, Mousse und übrige Sahne ca. 6 Std. kühlen. Übrige Sahne vor dem Servieren auf der Mousse verteilen.

### DEKO-TIPP

**Als knusprigen Kontrast ca. 80 g zerbröselte Amaretti (italienisches Mandelgebäck) über die Sahne streuen.**

Klassiker neu aufgelegt

## Himbeer-Tiramisu

80 ml frisch gepresster Orangensaft
2 EL frisch gepresster Zitronensaft
600 g TK-Himbeeren
1–2 EL Zucker
120 g Löffelbiskuits
500 g Mascarpone
120 ml Eierlikör
2 Päckchen Vanillezucker | 150 g Sahne

Für 6 Personen
25 Min. Zubereitung | 1 Std. Kühlen
Pro Portion ca. 650 kcal, 8 g EW, 50 g F, 32 g KH

1 Den Orangen- und Zitronensaft in einen Topf geben und aufkochen lassen. Die unaufgetauten Himbeeren zugeben und einmal mit aufkochen lassen, den Zucker unterrühren. Die Beeren vom Herd nehmen und abkühlen lassen.

2 Inzwischen die Löffelbiskuits mit der Zuckerseite nach oben auf dem Boden einer rechteckigen Schüssel oder Auflaufform (ca. 15 × 30 cm) legen. Das Beerenkompott gleichmäßig darauf verteilen.

3 Mascarpone mit dem Eierlikör und Vanillezucker verrühren. Die Sahne mit den Quirlen des Handrührgeräts steif schlagen und vorsichtig unter die Mascarpone heben. Die Creme gleichmäßig auf den Himbeeren verteilen und mindestens 1 Std. im Kühlschrank durchziehen lassen.

### DEKO-TIPP

**Besonders gut machen sich noch 2–3 EL gehackte Pistazien auf der Tiramisu. Wer will, kann die Mascarponecreme auch mit etwas Saft von den gekochten Beeren rosa färben – ein echter Hingucker!**



oben: Kaffee-Schoko-Mousse | unten: Himbeer-Tiramisu

**Zum Gebrauch**
Damit Sie Rezepte mit bestimmten Zutaten noch schneller finden können, stehen in diesem Register zusätzlich auch beliebte Zutaten wie **Paprikaschoten** oder **Reis** – ebenfalls alphabetisch geordnet und **hervorgehoben** – über den entsprechenden Rezepten.

## M/N



## O/P



## Q/R



## S



## T



## W/Z

## DIE GU-QUALITÄTS-GARANTIE

**Liebe Leserin, lieber Leser,**
wir möchten Ihnen mit den Informationen und Anregungen in diesem Buch das Leben erleichtern und Sie inspirieren, Neues auszuprobieren. Alle Informationen werden von unseren Autoren gewissenhaft erstellt und von unseren Redakteuren sorgfältig ausgewählt und mehrfach geprüft. Deshalb bieten wir Ihnen eine 100 %ige Qualitätsgarantie. Sollten wir mit diesem Buch Ihre Erwartungen nicht erfüllen, lassen Sie es uns bitte wissen. Sie erhalten von uns kostenlos einen Ratgeber zum gleichen oder ähnlichen Thema. Wir freuen uns auf Ihre Rückmeldung, auf Lob, Kritik und Anregungen, damit wir für Sie immer besser werden können.

**GRÄFE UND UNZER Verlag**
Leserservice
Postfach 86 03 13
81630 München
E-Mail:
leserservice@graefe-und-unzer.de

Telefon: 00800 / 72 37 33 33*
Telefax: 00800 / 50 12 05 44*
Mo–Do: 8.00–18.00 Uhr
Fr: 8.00–16.00 Uhr
*(* gebührenfrei in D, A, CH)*

Ihr GRÄFE UND UNZER Verlag
*Der erste Ratgeberverlag – seit 1722.*



**Projektleitung:** Katharina Lisson
**Lektorat:** Maryna Zimdars
**Layout, Typografie und Umschlaggestaltung:** independent Medien-Design, Horst Moser, München
**Satz:** Uhl + Massopust, Aalen
**Herstellung:** Martina Müller
**Reproduktion:**
Repro Ludwig, Zell am See
**Druck und Bindung:** Firmengruppe APPL, aprinta druck, Wemding

ISBN 978-3-8338-0994-1

7. Auflage 2013

www.facebook.com/gu.verlag

GRÄFE UND UNZER

*Ein Unternehmen der*
GANSKE VERLAGSGRUPPE

### Die Autorin

**Tanja Dusy** hatte auch einmal die Mensa satt. Speckwürfel auf der Veggi-Pizza und dicke Saucen trieben sie an den heimischen Herd. Der erste Schritt in ihren späteren Beruf: Heute arbeitet die Germanistin für den GRÄFE UND UNZER VERLAG und hat hier als Autorin bereits zahlreiche Bücher veröffentlicht.

### Der Fotograf

**Jörn Rynio** zählt zu seinen Auftraggebern internationale Zeitschriften, namhafte Buchverlage und Werbeagenturen. Mit einer großen Portion Kreativität und appetitanregendem Styling setzt der Hamburger Fotograf Food-Spezialitäten aus aller Welt stimmungsvoll in Szene. Tatkräftig unterstützt wird er dabei von seinen Stylisten Rainer Meidinger (Food) und Michaela Suchy (Requisite).

**Syndication:**
www.jalag-syndication.de

### Titelbildrezept:

Hähnchenkeulen auf Paprikagemüse, Seite 54

### Umwelthinweis

Dieses Buch ist auf PEFC-zertifiziertem Papier aus nachhaltiger Waldwirtschaft gedruckt. Um Rohstoffe zu sparen, haben wir auf Folienverpackung verzichtet.

# Das würzt!

*Erst Kräuter und Gewürze geben vielen Gerichten den richtigen Pep. Dazu braucht es nicht das Riesenregal, sondern einfach wenig Gutes.*

## Am besten kräuterfrisch

Frische Kräuter im Bund gibt es fast in jedem Supermarkt. Reste einfach in ein Stück feuchtes Küchenpapier wickeln und locker in eine kleine Plastiktüte packen – so halten sich Basilikum, Schnittlauch und Co. gut 2–3 Tage. Alternativ kann man sich natürlich auch ein paar Kräutertöpfe ans Küchenfenster stellen und nach Bedarf ernten. Fast so gut wie frisch, sind gehackte TK-Kräuter, die es in praktischen wiederverschließbaren kleinen Paketen gibt!

Getrocknete Kräuter in dunklen Gläsern oder Dosen aufbewahren. Neben einzelnen Kräutern wie Oregano und Thymian gibt es auch Mischungen wie Kräuter der Provence oder Italienische Kräuter, die für mediterrane Würze sorgen. Eine pralle Knolle Knoblauch und eine Bio-Zitrone, bei der man sowohl Schale als auch Saft verwenden kann, sind die besten Partner zu frischem Grün.

## Super würzig

Neben Salz und Pfeffer gehören mildes, edelsüßes Paprikapulver und Muskatnuss (am besten als Nuss mit Reibe) zur Grundausstattung. Für Schärfe sorgen Chilipulver oder Cayennepfeffer. Sie lassen sich gut mit frischen oder getrockneten (eventuell zerbröselten) Chilischoten oder Sambal oelek (indonesische Chilipaste) oder einer anderen Chilisauce aus dem Asienladen austauschen. Currypulver ist unverzichtbar, für alle die Asiaschärfe lieben. Anstelle von Pulver geht hier auch indische Currypaste aus dem Glas; Thai-Currypaste besitzt ein anderes Aroma und passt prima zu Gerichten mit Kokosmilch. Der nussig-herbe Kreuzkümmel (wird oft auch Cumin genannt) wird in Asien und im Orient verwendet und hat das Zeug zum Lieblingsgewürz. Mit Senf oder Meerrettich in Tube oder Glas zusätzlich ist man dann schon ziemlich gut gewappnet.